AF357390

3 AVRIL 1876

93

99P

25
17—

CATALOGUE

DE

TABLEAUX

ANCIENS ET MODERNES

DESSINS, AQUARELLES, TERRES CUITES

COMPOSANT EN PARTIE LA

Collection de M. F. T***

DONT LA VENTE AURA LIEU

HOTEL DROUOT

SALLE N° 4

Le Lundi 3 Avril 1876

A DEUX HEURES

Par le ministère de **Me PHILIPPE LECHAT,** Commissaire-Priseur,
rue de la Chaussée-d'Antin, 25,

Assisté de **M. LUCE,** Peintre-Expert, ✻, faubourg St-Honoré, 228;

Chez lesquels se délivre le présent Catalogue.

EXPOSITION PUBLIQUE

Le Dimanche 2 Avril 1876, de deux heures à cinq heures.

PARIS — 1876

CONDITIONS DE LA VENTE

Elle sera faite au comptant.

Les Acquéreurs paieront CINQ POUR CENT, en sus du prix d'adjudication.

DÉSIGNATION

TABLEAUX MODERNES

ALBOY-REBOUET (ALFRED)

1 — Paysage sous bois.

BARRIAS (FÉLIX-JOSEPH)

2 — La Lecture.

BEAULIEU (ANATOLE-HENRI de)

3 — Biskra (Algérie).

BLIN (FRANCISQUE)

4 — Les Landes (Sologne).

BOUCHÉ (Alexandre)

5 — Lisière du bois.

BOUDIER (Édouard-Louis)

6 — Vue de Carnac (Morbihan).

BUNEL (Eugène)

7 — A l'Abri.

CARTIEZ (Auguste)

8 — Jeune Tricoteuse.

CHOS (Marie)

9 — Giroflées.
10 — Panier de prunes.
11 — Fleurs.
12 — Nature morte.

COLIN (Alexandre-Marie)

13 — Moine en lecture.

COLIN (Paul)

14 — Le Soir (Paysage)..

COROT (Jean-Baptiste-Camille)

. 15 — Vue de Boulogne-sur-Mer.

DAMERON (Émile-Charles)

16 — Paysage.

DAUBIGNY (Charles-François)

17 — Paysage (Auvers sur Oise).

DAVID (Ernest)

18 — Vase contenant des jacinthes.

DEBROSSE

19 — Prunes et Noix.

DECAMPS (Alexandre-Joseph)

20 — Deux Porcs.

DEFAUX (Alexandre)

21 — Paysage sous bois.

DESGOFFE (Alexandre)

22 — Environs de Pornic (Bretagne).

DUMAX (Ernest-Joachim)

23 — Marcoussis (Seine-et-Oise).

FEYEN-PERRIN (François-Nicolas)

24 — Baigneuses.

GLÜCK (Eugène)

25 — Don Quichotte dans la Sierra.

GROBON (François-Frédéric)

26 — La Cueillette.

LANGEROCK (Henri)

27 — Les Moissonneurs.

LAVIDIÈRE (Alfred)

28 — Paysage.
29 — Tête de moine.

LAZERGES (Jean-Raymond-Hyppolyte)

30 — La Résurrection.

Esquisse du tableau exposé au Salon de 1875.

LAZERGES (Paul-Jean-Baptiste)

31 — Bacchante.

LELARGE (R.)

32 — Paysage de Normandie.

LE MARIÉ (ÉMILE), des Landelles

33 — Passage du ruisseau.

LENEPVEU (JULES)

34 — Ilote et Lacédémoniens (Esquisse).

LEYENDECKER (PAUL-JOSEPH

35 — A l'Atelier.

LIVACHE (VICTOR)

36 — Hallebardiers, époque de François Ier (Esquisse).

LIX (FRÉDÉRIC-THÉODORE)

37 — L'Offrande à Mora Dalécarlie (Suède).

LUBIN (JEAN)

38 — Les Usines de Ballagny.

MAILLART (ULYSSE)

39 — Tête de femme.

MAILLOT (THEODORE)

40 — Coup de vent.

MAZURES (JULES)

41 — Marine.

MEYER (EMMANUEL)

42 — Paysage (Vosges).
43 — Roses au bord d'un torrent.

MOUILLOU (ALFRED)

44 — Bellevue.

PETIT (LÉONCE)

45 — Fumeur.

PRIVAT (Gonzagues)

46 — Marine.

47 — Tête de femme.

RUGUERRY (Théodore)

48 — La Confession.

SAUVAGEOT (Charles-Théodore)

49 — Lisière du bois.

SEBILLOT (Paul)

50 — Chemin creux : Effet d'hiver (Bretagne).

STEINHEIL (Adolphe)

51 — Nature morte.

TENER (René)

52 — La Cuisine de l'Écu-de-France, à l'Isle-Adam.

TOURNEUX (Eugène)

53 — Environs de Marcoussis (Seine-et-Oise).

TRUPHÈME (Auguste)

54 — Pêches et Raisins.

VALADON (Jules-Emmanuel)

55 — Jeune Fille (Étude).
56 — La Colombe.

VAN ELVEN (Jean-Baptiste)

57 — Fouille aux environs de Rome.

VAISSE

58 — Clair de lune.

VERNET (Horace)

59 — Portrait (Étude).
60 — Tête de Faune (Étude).

VIGER DUVIGNEAU

61 — Champs-Élysées (Souvenir du siége de 1870).

YAN D'ARGENT

62 — Paysage (Bretagne).

TABLEAUX ANCIENS

PHILIPPE DE CHAMPAIGNE

63 — Portrait de genovéfin.

JOUVENET (Jean)

64 — Ravissement de saint Paul.

MICHEL

65 — Paysage : Temps pluvieux.

DESSINS, AQUARELLES, GRAVURES
FAIENCES

—

BERTALL (Charles-Albert d'ARNOUX, dit)

66 — Parlez au concierge..... (Aquarelle).

. BERTRAND (James)

67 — Sapho.

68 — Le Repos. — Baigneuses (double face).

69 — La Toilette.

70 — La Malaria.

71 — Le Départ.

Dessins à la sanguine.

BEYLE (Pierre-Marie)

72 — Travail.

73 — Coquetterie.

Dessins à la plume.

BRESDIN (Rodolphe)

74 — Le bon Samaritain.

Dessin à la plume.

COTTIN

75 — Aquarelle.

CROSS (Henry)

76 — Panneau. Peinture à la cire (Procédé égyptien).

77 — Petite Tête de femme.

DECK (Th.)

78 — Deux Vases (Figures).

DUVIVIER (Albert)

79 — Mare d'Encherville (Gravure).

80 — Le Garde-Manger des renardeaux, d'après Hano-
teau (Gravure).

DUMOUSTIER (Daniel)

81 — Portrait.

FLAMENG (Léopold)

82 — La Ronde, d'après Van Ryn Rembrandt.

83 — Deux autres Gravures d'état.

GLÜCK (Eugène)

84 — Gallia (Faïence).

LAGNAU (École française ancienne)

85 — Portrait de l'archidiacre Josias (Dessin).

LANÇON (AUGUSTE)

86 — Lion (Gravure).

87 — Lionne (Gravure).

LAZERGES (JEAN-RAYMOND-HIPPOLYTE)

88 — Dessin.

LENEPVEU (JULES)

89 — Molière aux piliers des Halles (Aquarelle).

MEISSONNIER

90 — Eau-forte.

NOEL (GUSTAVE)

91 — Falaise en Normandie (Faïence).

NOUY (Comte du)

92 — Dessin.

PRÉAU

93 — Jacques Cœur (Dessin).

REIBER (ÉMILE)

94 — Bouquetière japonaise (Aquarelle).

SENECHAL

95 — La Jetée du Tréport (Aquarelle).

TESSON (LOUIS)

96 — La Jetée de Calais (Aquarelle).

TOURNEMINE (CHARLES de)

97 — Marée basse (Aquarelle).

VALERIO (THEODORE)

98 — La Dalmatie (Six Gravures eaux-fortes).

. ᴜ.ᴀ (Edmond-Charles)

99 — L'Alouette (Aquarelle).

100 — Scène vénitienne (Sépia).

SCULPTURE

BARTHOLDI (Frédéric-Auguste)

101 — Esquisse du Lion de Belfort (Terre cuite).

CROSS (Henry)

102 — Elisabeth de France. Médaillon en cire poly-
chrome.

DELAPLANCHE (Eugène)

103 — Tête de jeune femme (Salon de 1875).

FRISON (Barthélemy)

— 104 — La Vigilance, Esquisse (Terre cuite).

JANSON (Louis-Charles)

— 105 — Tête de jeune fille (Terre cuite).

LANZIROTTI (Antoine-Giovanni)

106 — Buste du docteur Trousseau (Terre cuite).

MOULIN (Hippolyte)

— 107 — La République. Médaillon en argent.

OLLIVA (Alexandre-Joseph)

108 — Buste.

RUDE (François)

— 109 — Tête de guerrier, Arc-de-triomphe de l'Étoile (Terre cuite).

TALUET (Ferdinand)

110 — Vierge, style xiv⁰ siècle épreuve unique (Terre cuite).

111 — Sous ce numéro les Objets non catalogués.

Vᵉˢ Renou, Maulde et Cock, imprˢ de la Compagnie des Commissaires-Priseurs, rue de Rivoli, 144.   63727